AF408772

HUMANIDAD CONSCIENTE

EL MUNDO MEJOR SOÑADO POR SIGLOS

HUMANIDAD CONSCIENTE

**EL MUNDO MEJOR
SOÑADO POR SIGLOS**

DEDICATORIA

Dedico este libro a los sobrevivientes conscientes, de la crisis pandémica de 2020, con la esperanza de que sirva de abono para ayudar a germinar las semillas de las que surgirá la nueva humanidad que ha de ser construida. También lo dedico, con mucho cariño y agradecimiento, a todos los que, antes y durante los momentos difíciles que vivió la humanidad, hicieron aportaciones valiosas desde la consciencia y la luz, a través de libros, conferencias, entrevistas y otros formatos, que fueron abriendo el camino al despertar. Los nombres son muchos para mencionarlos, pero desde mi corazón les agradezco.

TABLA DE CONTENIDO

PRESENTACIÓN

Se había dicho ya, que el mundo después del Covid19, no iba a ser el mismo, y que muchas cosas cambiarían radicalmente. Hábitos, estilos de vida y un sin número de actividades a las que estábamos acostumbrados, tendrían que ser modificados, reajustados y, algunos, sustituidos por otros, a todo nivel, para adecuarse a los nuevos escenarios que empezarían a surgir.

Desde esas primeras declaraciones, a la fecha, efectivamente, muchas cosas han empezado a cambiar y otras muchas se continúan anunciando abiertamente desde Organismos como el Foro Económico Mundial con aquello de que a 2030 "no tendrás nada, pero serás feliz"; y las propias Naciones Unidas, vaticinando hambruna de proporciones bíblicas.

Los escenarios son bastante desoladores. Y ante ellos se han vertido por doquier, infinidad de criterios, y muchos dan casi por hecho la llegada inminente del temido Apocalipsis. Sin embargo, hay muchas personas que están trabajando en un despertar de consciencia, y abrigan la esperanza de que la luz triunfará, y que, si se logra capitalizar ese despertar, una nueva humanidad surgirá, con nuevos valores. Yo he querido denominarla "humanidad consciente".

A lo largo del libro, a la par que iremos viendo algunos de esos posibles escenarios, iremos también visualizando los cambios que se requerirán para lidiar con esas nuevas realidades, así como algunas acciones que podrían servir en la tarea de construir esa nueva humanidad. Si bien algunos de esos escenarios nos parecerán difíciles de sobrellevar, y los cambios, difíciles de alcanzar, dada la naturaleza aparentemente invariable del ser humano y sus hábitos muy arraigados, no debemos descartarlos como posibles y perfectamente realizables.

Ahora mismo, es verdad que resultan difíciles, pero es debido a nuestro aún bajo nivel de consciencia que todavía requiere evolucionar. Tan pronto, y a medida que el nivel de consciencia vaya evolucionando, esos obstáculos empezarán a desvanecerse y a dar paso a ideas más evolucionadas, a nuevas formas de ver y entender la vida, hasta el punto de superar las actuales barreras que nos impiden convivir armoniosamente. Todo dependerá de cuánto consigamos avanzar en el desarrollo consciencial a partir del despertar que hemos logrado hasta ahora y lo que se continúe logrando. De hecho, este libro tiene también el propósito de continuar impulsando ese despertar. Por eso, lo que se muestra aquí, no se queda en el mero análisis de lo acontecido, sino que avanza a la propuesta de construir una nueva humanidad, que es perfectamente posible.

Para ir despejando el cúmulo de dudas y resistencias que, de seguro, y de manera comprensible, surgirán en el lector, ire haciendo preguntas de reflexión.

Invito, pues, a leer este libro con una perspectiva de búsqueda y de esperanza en un mundo mejor, que ha sido la constante en mis dos primeros libros: "La hora de la humanidad" y "De la oscuridad a la luz". Espero que, al finalizar su lectura, quede en cada lector, si no la convicción total, por lo menos la idea de que a lo mejor una humanidad consciente aún sea posible construir, y que esta inquietante pregunta quede dándole vueltas: ¿y si lo intentáramos?

Quevedo, Ecuador, diciembre de 2020.

¿CÓMO ERA EL MUNDO ANTES DEL COVID?

Antes de aparecer el Coronavirus-19 y producirse el confinamiento obligatorio a nivel planetario, el mundo parecía un mundo normal, con su ritmo de rutinas acostumbradas, aunque con algunos cuantos problemas por ahí, que, sin embargo, se los consideraba superables. Pero el mundo estaba muy lejos de ser eso que aparentaba ser. Estábamos tan entretenidos, tan confiados, tan dormidos, que no nos dábamos cuenta ni de lo que hacíamos. Todos haciendo lo suyo, con sus prisas, sus preocupaciones. Unos desde su zona de confort y, otros, desde sus incertidumbres y sus miedos. Sabíamos muchas cosas que a través de los medios de comunicación oficiales y las redes sociales se mostraban, pero todo eso nos parecían cuestiones de rutina. Fue solo cuando entramos a la cuarentena obligada, que empezamos a hacernos preguntas y a tratar de informarnos.

Lo que se empezó a descubrir en medio de tanta información entrecruzada, fue que habíamos estado viviendo en un mundo casi de ficción, sostenido por hilos muy frágiles, a punto de romperse. En efecto, el mundo estaba en un punto muerto, con opciones reducidas al mínimo. Occidente, con una economía que ya no encontraba espacio para expandirse más y que se sostenía en base a deudas impagables.

Por otro lado, China, con una economía en expansión, amenazaba con convertirse en el nuevo imperio global. Rusia, por su parte, con necesidades estratégicas geopolíticas. Y otros que también querían participar en el reparto del poder. Todos ellos con un arsenal nuclear impresionante, lo cual hacía imposible optar por la guerra como salida. En el último año, el nivel de confrontación entre Estados Unidos y China había subido de tono, y se temía que en cualquier momento pudiera escalar a más. También estaba el problema con Irán, y Corea del Norte, que igualmente preocupaban.

Aparte, el problema climático más la contaminación por los residuos y desechos de una producción masiva e irracional, tenían al mundo a las puertas del desastre total.

En lo social, había un malestar inmenso y las voces de protesta se manifestaban cada vez con más violencia en varios países a la vez, y los gobiernos no atinaban cómo enfrentarlas. Ecuador, Chile y Colombia, estaban en un momento de efervescencia incontrolable.

También se hablaba del inminente colapso del modelo económico occidental, que ya había experimentado algunas crisis sistémicas de grandes proporciones, como la de 2008, que obligó a un salvataje bancario sin precedentes, y de cuyas secuelas todavía no terminaba de recuperarse. La deuda pública pasó a ser inmanejable. Solo faltaba algún acontecimiento fortuito para estallar o implosionar. Y el acontecimiento llegó, de la manera menos esperada: un polémico virus.

UNA PANDEMIA ENTRA EN ESCENA

La OMS no tardó en declarar al covid como pandemia. Y con ello, vino la cuarentena, con un confinamiento obligatorio y un QUÉDATE EN CASA, que a muchos nunca terminó de convencer. Las recomendaciones de la OMS se convirtieron inmediatamente en un mandato a nivel global. Consistían en no salir de casa, lavarse a cada momento las manos con jabón, usar gel antibacterial, alcohol, y, como único medicamento, tomar paracetamol, con la opción de llamar a los servicios de emergencia, en caso de tener síntomas claros de contagio.

Pronto, los hospitales, las clínicas y hasta los consultorios privados empezaron a restringir la atención a los pacientes regulares, salvo en los casos de emergencia. Muchos de ellos cerraron. Y llegó un momento en que ya no se podía acceder a ningún centro de salud público ni privado. Fue entonces cuando empezaron a publicarse imágenes impactantes de muertos que se depositaban en las veredas y otros que se mantenían dentro de casa, hasta tres días, en espera de alguna autoridad para hacer los levantamientos.

Las cifras de muertos aumentaban y, con ello, el temor al contagio alcanzaba niveles de estrés y hasta de paranoia. Nadie quería acercarse a otro, y el aislamiento en forma de distancia social se convirtió en la norma, así como el uso de mascarilla.

Todo se modificó a nivel de trabajo, reuniones sociales y hasta de familia. Las restricciones se hicieron cada vez más exigentes, llegando algunas hasta niveles de irracionalidad. Y muchas personas sufrieron abusos y agresiones no solo de los encargados de hacer cumplir las disposiciones oficiales, sino de los propios ciudadanos que, movidos por una especie de psicosis, llegaban a extremos de intolerancia e irracionalidad. El mundo entero empezó a vivir unos momentos de incertidumbre y de miedo, como nunca se había vivido.

Pero lo inaudito fue que, por primera vez, se ponía en cuarentena a las personas sanas y no a las enfermas. Y encima de todo eso, se prohibía aplicar tratamientos alternativos, alegando razones ya bastante conocidas como aquellas de que: "no hay evidencia científica", "no hay todavía estudios en firme" y otras similares que suelen, a menudo, emplearse para justificar o desprestigiar estudios o cuestionamientos en favor o contra de algo. Por culpa de ello, miles de personas, que pudieron ser salvadas, murieron.

EL CONFINAMIENTO Y SUS EFECTOS ECONÓMICOS

Como era de esperarse, el confinamiento tuvo inmediatamente efectos graves en la economía. Millones de personas en el mundo empezaron a sentir y sufrir la pérdida de sus ingresos, ya sea como empleados o como empresarios pequeños y medianos. Restaurantes, bares, gimnasios, centros de entretenimiento y una infinidad de negocios resultaron afectados, pues muchos tuvieron que cerrar sus puertas. Los que más sufrieron los efectos, fueron esa inmensa cantidad de pobres que viven del ingreso diario, como informales o como trabajadores no estables. Todo esto empezó a llevar a la desesperación a muchísima gente, y a algunos, al suicidio.

RESTRICCIÓN DE LIBERTADES Y PERSECUCIÓN

Algo que también causó mucho malestar, fue la restricción de libertades fundamentales y una escalada del control ciudadano por la fuerza pública, con toques de queda, y, en algunas partes, con tecnologías como la de drones, uso de sensores y robots. Aparte, una persecución sin precedentes, contra todo aquel que promovía remedios alternativos, como el caso del dióxido de cloro, de Andreas Kalcker, y de otros que recomendaban y daban testimonios de curación con plantas y preparados caseros, como la cobra blanca, de Xoxé López, y el uso de plantas medicinales, que por milenios la humanidad había usado, y que son patrimonio ancestral de los pueblos, desde Asia y la India hasta América. Mientras tanto, el señor Bill Gates anunciaba una vacunación masiva, a nivel planetario.

DICTADURA EN NOMBRE DE LA CIENCIA

La persecución derivó en una dictadura en nombre de la ciencia, a la que en los últimos tiempos se la ha endiosado y elevado a categoría de verdad suprema. A menudo, hoy se la invoca para avalar cualquier proyecto, estudio, y hasta medicamentos, a fin de darle un estatus de confianza y seguridad. Sin embargo, como siempre, no tardaron en surgir discrepancias entre los mismos científicos.

Y en efecto, fueron centenares de científicos, médicos, biólogos, químicos, virólogos, epidemiólogos y más gente de ciencia, que tuvieron criterios divergentes y lo expresaron de viva voz y con testimonios. Pero cuando de por medio hay intereses, no hay razón que valga, y el que tiene el control, impone la versión que le conviene.

El resultado fue que, en nombre de la ciencia, miles de videos de estas personalidades con criterios diferentes, fueron borrados de Youtube. Inclusive, plataformas enteras fueron eliminadas. Caso concreto, Mindalia Televisión y La Caja de Pandora, ambas con más de un millón de suscriptores. Canales en los que se daban charlas y conferencias sobre salud, medicina alternativa, espiritualidad y una serie de temas orientados a un despertar de consciencia. Igual pasó en las demás redes, como Tweeter y Facebook, donde se censuraba y eliminaba contenidos que no estuvieran alineados con la versión oficial. A tanto se llegó, que hasta se eliminaron libros de Amazón, como el de Andreas Kalcker sobre el dióxido de cloro. Una dictadura espantosa.

Pero a pesar del hostigamiento y la censura, a medida que pasaban los días, más voces de médicos, virólogos, epidemiólogos y científicos de reconocido prestigio, empezaron a escucharse desde todas partes, quienes demostraban que los protocolos estaban equivocados y que sí había tratamiento.

Casos concretos, el de la Dra. María Eugenia Barrientos, de El Salvador, quien afirmaba que debía darse tratamiento antigripal y antiinflamatorios, o el de la Dra. Chinda Brandolino, de Argentina, quien aseguraba, además, que la pandemia era una farsa. Igual el caso de la Dra. Dolores Cahill, irlandesa, especialista en Inmunología y Biología molecular, quien pidió enjuiciar por crimen a todos los responsables de haber causado tanta muerte innecesaria, por haber impedido que se dé tratamiento a los contagiados de covid-19, que sí lo había, según ella, con la hidroxicloroquina, como lo había sugerido Donald Trump, y fue atacado por eso.

Y en el caso del dióxido de cloro, también hubo testimonios de peso, como el de la Dra. Teresa Fourcades, quien lo había investigado a fondo y aplicado. Luego, una docena de Diócesis de Ecuador exigían al gobierno autorizar su uso. Y, como los citados, hubo muchísimos testimonios más, pero todos censurados.

Por su parte, los medios de comunicación, alineados con la versión única impuesta por la OMS y los gobiernos que la acataban, se sumaron a la tarea de calificar a cualquier declaración, noticia, comentario en redes, como FALSA y desprestigiar a quienes la expresaran, aunque fueran científicos y personas de amplio saber. Todo en nombre de la ciencia.

LECCIONES Y APRENDIZAJES DEL COVID-19 Y EL CONFINAMIENTO

Independientemente del origen, de los porqués y para qué, el Coronavirus 19, desempeñó un papel multidimensional, con unos efectos incalculables. Fuere lo que fuere, para bien o para mal, el confinamiento por el covid-19, nos trajo un paquete de lecciones, en forma de señales o advertencias. Al mismo tiempo, destapó todos los parches, debilidades, incoherencias y miserias que, como humanos, todavía inconscientes, habíamos acumulado por siglos. Nos desnudó y nos hizo ver nuestra pequeñez y nuestras limitaciones.

¿Qué cosas, en concreto, nos hizo ver? Lo primero, fue una total falta de previsión. Nos cogió, a personas, a empresas y a Estados, totalmente desprevenidos, endeudados y sin capacidad de pago, por un mal hábito, que había contagiado al mundo entero, de adquirir todo con deudas, que, aparte de esclavizantes, eran técnicamente impagables. Lo segundo, nos hizo ver el daño enorme que, con nuestra ciencia y la tecnología desarrollada, le habíamos causado a la naturaleza. También nos mostró que los seres humanos sí podemos vivir sin muchas de las cosas que creíamos no poder prescindir: sin fútbol, sin farras, y sin una infinidad de actividades no esenciales. Y algo muy valioso: que habíamos descuidado la vida familiar, por falta de tiempo, por el trabajo, las diversiones, las reuniones, etc.

El confinamiento obligatorio acabó con las excusas para atender a los hijos, conversar, escuchar, jugar y compartir momentos valiosos con ellos, con la pareja y otros miembros de la familia. Todo aquello que se tenía descuidado o relegado, de pronto se nos presentó la oportunidad de hacerlo. Aparte, también sacó lo bueno que hay escondido en el corazón de las personas: la bondad, la compasión, el altruismo, la comprensión, etc., aunque también, en muchos, sacó a relucir lo malo, lo oscuro: la mezquindad, la intolerancia, la violencia. Se llegó al extremo de hostigar y hasta agredir a las personas, incluidos vecinos, que se sospechaba o se conocía que habían contraído el virus, o por no portar mascarilla o salir a la calle. Inclusive se empezó a mostrar hostilidad hasta a los médicos, por considerarlos sospechosos de haber contraído el virus. Una especie de paranoia colectiva.

Pero por mucho dolor que nos pudo haber causado, tenemos que reconocer que, en buena parte, fue útil y necesario. Estábamos ciegos y hacíamos cosas terribles desde la inconsciencia, el ego, la soberbia, la prepotencia y todo lo que nuestra mente inquieta nos sugería hacer.

Pero ¿Cuántas de esas lecciones, de esas advertencias, señales y llamados, hemos asimilado? ¿Hemos logrado despertar o necesitamos todavía algo más contundente para hacerlo, para desconectarnos de todo lo que nos tiene atados, enchufados, anestesiados, aletargados? El tiempo lo dirá.

LO QUE ESTABA DETRÁS – UNA GRIETA EN EL ESTADO PROFUNDO

¿Qué estaba pasando realmente? Todo revelaba que algo muy grande estaba ocurriendo a nivel de lo que se conoce como "el Estado Profundo". Y donde más claramente se vio esto, fue en EE. UU., con Donald Trump, desde la campaña electoral de 2016. Muy reveladoras fueron estas palabras de uno de sus discursos:

"Nuestro movimiento, se basa en reemplazar un falso y corrupto establishment político, por un nuevo gobierno controlado por ustedes, los estadounidenses. El establishment de Washington, junto a las corporaciones financieras y mediáticas que lo subastan, existen por una sola razón: para protegerse y enriquecerse ellos mismos. El establishment tiene trillones de dólares en juego en esta elección. Aquellos que controlan los diversos niveles de poder en Washington, responden a distintos intereses de poderes globales internacionales. Pactan y se asocian con esta gente, que no tienen el bien de ustedes en mente. Nuestra campaña representa una verdadera y gran amenaza para ellos. Una que nunca habían visto antes."

"Esto no es simplemente otra elección de cuatro años. Esto es un punto de quiebre en la historia de nuestra civilización, que determinará si nosotros, el pueblo, retomamos el control sobre nuestro propio gobierno. El establishment político no nos ha traído más que la destrucción de nuestras fábricas, de nuestros trabajos. Es una estructura de poder global, que es responsable de tomar las decisiones económicas que han arruinado a nuestra clase

trabajadora, arrasado con la riqueza de nuestro país y que han puesto el dinero en los bolsillos de grandes corporaciones e instituciones políticas. Esta es una lucha por la sobrevivencia de nuestra nación. y esta será la última oportunidad de salvarla."

"Esta elección determinará si somos una nación libre, o si solo tenemos la ilusión de que vivimos en democracia. Porque en realidad estamos siendo controlados por intereses globales que corrompen el sistema, y nuestro sistema está corrompido. Esta es la realidad. Ustedes lo saben, ellos lo saben, yo lo sé, y me atrevo a decir que todo el mundo lo sabe."

Y con respecto a los medios de comunicación, afirmó:

"Seamos claros en una cosa: La corporación mediática en nuestro país, ya no está más involucrada en hacer periodismo. Hay intereses económicos de por medio, que no son diferentes a los de cualquier otro lobby o entidad financiera, con una agenda política total, y la agenda no es para ustedes, es para ellos mismos. Cualquiera que cuestione estos organismos de control, es un sexista, un racista, ¡un xenofobo! Van a mentir, mentir y mentir, y luego una vez más, van a hacer otras cosas peores."

¿Y QUÉ ES EL ESTADO PROFUNDO O DEEP STATE?

Como se puede entrever en una parte del discurso de Trump, se trata de una estructura de poder que funciona bajo las sombras y que mueve los hilos de la política y la economía de una nación. Y esa estructura tiene una cúpula, con un nivel de poder tan grande, que ha llegado a controlar, a nivel global, la masa monetaria y financiera mundial. Ya en el 2015, siendo apenas el uno por ciento del uno por ciento de los más ricos del mundo, había alcanzado ese poderío. Ese pequeñísimo grupo es lo que se conoce como la élite mundial, y que se circunscribe a unas escasas decenas de personas, familias y corporaciones manejadas por ellos. Esto rebasa todo nivel de soberanía, y pone a los países y sus gobiernos en una situación de total dependencia.

De ese Estado Profundo ya había hablado hacía seis décadas atrás el extinto presidente John F. Kennedy, cuatro meses antes de ser asesinado. Lo dijo luego de haber firmado el decreto 11110 mediante el cual recuperaba la Reserva Federal de manos del grupo de familias que de manera fraudulenta se habían apoderado de ella, con la complicidad del presidente Woodrow Wilson a comienzos de siglo. En este famoso y breve discurso se refirió a poderes ocultos que obraban desde las sombras en contra de la democracia. Aquí algunas palabras reveladoras, con un pedido especial a la prensa:

"La misma palabra secretismo es repugnante en una sociedad libre y abierta. Y estamos como colectivo, inherente e históricamente opuestos a sociedades secretas. Sus preparaciones se ocultan, no se publican. Sus fallos se entierran, no son titulares. Sus disidentes son silenciados, no alabados. No se cuestionan sus gastos, ningún secreto es revelado." (Y dirigiéndose a la prensa): *"Les pido a ustedes su ayuda en la gran tarea de informar y alertar a la gente de América con la confianza de que, con su ayuda, el hombre pueda ser lo que para ser nació: libre e independiente."*

En virtud de ese decreto se alcanzaron a imprimir y sacar a circulación cuatro mil millones de dólares en billetes de dos y cinco dólares. Los de diez y veinte, nunca salieron a raíz de su muerte, y los otros fueron inmediatamente retirados. Estos billetes tenían de particular que, en vez de la leyenda FEDERAL RESERVE NOTE en su parte superior, ahora llevaban: UNITED STATED NOTE. Y la diferencia mayor era que los emitidos por Kennedy, tenían respaldo en físico, mientras que los de la Reserva, no. Ello significaba que, en breve, los de la Reserva Federal quedarían sin ningún valor. Por eso se dice, no sin razón, que este discurso y ese decreto le costó la vida.

Por su parte, Trump había tenido graves conflictos con la Reserva Federal desde el comienzo de su mandato. En diciembre de 2018 afirmó categóricamente que el único problema de la economía norteamericana era la Reserva Federal. Y a junio de 2020 se volvió a activar con las declaraciones de Jerome Powell, presidente de la Fed respecto de la recuperación económica.

UN HECHO INESPERADO DESATA EL CAOS

El viernes 29 de mayo, en la ciudad de Minneapolis, George Floyd, un hombre de color, muere en manos de un policía blanco e inmediatamente se inició una ola de manifestaciones que se extendió a todo el país y derivó en violencia y saqueos, que obligó a las autoridades a imponer toque de queda. Los medios de comunicación encabezados por CNN hicieron llover toda clase de críticas al presidente, culpándolo de ser el causante de la reacción ciudadana, por su supuesta manera violenta de actuar, por sus tweets y sus discursos. Las protestas subían de tono y las cadenas informativas parecían complacerse en una cobertura extraordinaria, a tiempo completo. El presidente se vio obligado a disponer la presencia de fuerzas especiales para tratar de contener las manifestaciones y el caos que amenazaba con agravarse. Inclusive amenazó con invocar la ley que le permite asumir poderes extraordinarios. Todo revelaba que atrás de ese inesperado movimiento, había manos operando desde las sombras. En efecto, se descubrieron los nexos financieros de apoyo a Antifa y Black Lives Matter, que lideraban las protestas. Ello concordaba a la perfección con declaraciones públicas de uno de los principales financiadores, George Soros, a través de la Open Society Fundation, quien abiertamente había hablado de la necesidad de que Donald Trump quedara fuera de escena antes de que terminara el 2020. En una entrevista públicamente había dicho: "Yo considero que la Administración Trump es un peligro para el mundo, pero lo considero un fenómeno puramente temporal, que desaparecerá en 2020 o incluso antes".

Y, efectivamente, terminó cumpliéndose ese deseo. No hay ninguna duda, lo del Estado Profundo, es verdad. Igualmente, que hay un plan en marcha que no se va a detener. Se trata del Nuevo Orden Mundial que parece ser una decisión tomada, y que quienes lo promueven van a hacer todo por implantarlo.

DE CARA AL FUTURO - LO QUE SE VERÁ

Lo que se está viendo hasta el momento, es que la humanidad va a pasar por una etapa altamente complicada. Lo que se verá, durante un buen tiempo, serán unas situaciones muy duras, porque ambos proyectos de la élite continuarán, a su manera, tratando de preservar el modelo de desarrollo que nos ha traído hasta este momento. La única diferencia será quién la liderará: los globalistas o los conservadores, también llamados **soberanistas**. Ambos modelos serán altamente distópicos, uno más, y el otro, un poco menos. Por lo que habrá que esperar mucho hasta que las condiciones finalmente permitan que se pueda construir una nueva humanidad verdaderamente consciente. Esto nos dice que deberemos hacer acopio de mucha paciencia y presencia de ánimo para no sucumbir ante la angustia, la desesperanza y dureza de esos momentos distópicos.

¿Qué hacer? Lo primero, prepararnos para enfrentar la realidad de una economía seriamente dañada, por la quiebra de millones de medianos y pequeños negocios, la pérdida de los empleos habituales, y la ruina y la desesperación de millones que han quedado en situación de pobreza extrema, por la implosión o derrumbe de la pirámide social, a partir de la clase media hacia abajo, aplastando literalmente a los que estaban ya en la línea de pobreza y bajo de ella.

Todo esto, agravado con un progresivo desplazamiento de la mano de obra humana, por la inteligencia artificial, que aumentará la reducción drástica del empleo. Esta etapa será, sin duda, muy, muy dura y angustiosa.

Lo segundo, será hacer frente a las nuevas normativas que restringen derechos y libertades. Y, lo más grave, a los mecanismos de control ciudadano que, como ya se ha empezado a ver, de la mano de la tecnología, permitirá a los dirigentes y gobiernos, controlar en tiempo real prácticamente todos los campos de la actividad humana, incluidos comportamiento, y hasta los pensamientos. China ya lo está aplicando.

¿Hasta dónde llegará y cuánto tiempo durará? No se sabe. Lo que sí se sabe, es que vamos a algo muy parecido a lo que se narra en las novelas: "1984" de George Orwell y en "Un Mundo Feliz", de Aldox Huxley. Esto significa: predominio de la inteligencia artificial sobre la natural humana, distanciamiento social (enfriamiento), control digital, etc., hasta vientres artificiales y nacimientos no naturales, que desde hace algún tiempo ya se están ensayando, sobre todo ahora que se cuenta ya con la tecnología CRISPR de edición del cógido genético. La duración de todo aquello, seguramente será hasta que ese nuevo modelo, se vuelva insostenible y colapse. Entonces, y solo entonces, se darán las condiciones para el nacimiento de esa nueva humanidad. Para ello es que debemos irnos preparando desde ahora, para no dejar morir los ideales, y que las semillas del despertar no se echen a perder.

REDUCCIÓN DE LA POBLACIÓN

Entre otras cosas que se verán, será la reducción de la población, un objetivo que venía desde hace algunas décadas y que salió a la luz con la desclasificación de informaciones hasta hace poco ocultas, muy reservadas a las altas esferas de la élite. Se trata del control del crecimiento poblacional mediante una serie de planes y estrategias diseñadas a mediados de la década del 70, con ese fin.

Ellas sirvieron de base para todas las políticas que, a nivel de las Organizaciones de Naciones Unidas, ONGs y gobiernos, se habían venido implementando, en materia de control de la natalidad, a través de leyes, acuerdos, tratados, y una serie de estrategias para presionar, inducir y promover la legalización del aborto, la educación e ideología de género, matrimonio igualitario y materialización de derechos para dar viabilidad a cada uno de esos objetivos y proyectos globales. Veamos un poco de historia.

EL INFORME KISSINGER

El 24 de abril de 1974, el entonces secretario de Estado, de los EE. UU. de América, Henry Kissinger, firmó el documento titulado "Memorando de Estudio de Seguridad Nacional 200: Implicaciones del Crecimiento de la Población Mundial para la Seguridad de EE. UU. e intereses de ultramar". Este memorando recogía el estudio que la Comisión sobre el crecimiento demográfico y el futuro de Norteamérica, le había encargado el presidente Nixon en 1970 al Congreso, y que había sido presidida por Jhon D. Rockefeller III. Este documento fue desclasificado en 1989 y es ahora de dominio público.

Este informe recomendaba al Ejecutivo del gobierno de Richard Nixon declarar de máxima prioridad el control de la natalidad en 13 países. Brasil aparecía en primer lugar; los otros países eran India, Bangladesh, Paquistán, Nigeria, México, Indonesia, Filipinas, Tailandia, Egipto, Turquía, Etiopía y Colombia. Se alegaba que la "explosión" demográfica era una "amenaza" para la seguridad de los EE. UU. Entre otras cosas, recomendaba a las agencias del gobierno de EE. UU. no usar el término "control de la natalidad" para no asustar a los políticos, sino expresiones como "planificación familiar" o "paternidad responsable".

El objetivo era garantizar el acceso de los EE. UU. a las materias primas de esos países, minimizando el consumo interno en ellos. Se lo decía expresamente: "la economía de los EE. UU. requerirá, para el siglo XXI, grandes y crecientes cantidades de minerales del extranjero, y estos países pueden producir fuerzas desestabilizadoras de oposición en contra de Estados Unidos". En otra parte, se expresaba que había que impedir a toda costa el desarrollo económico de tales países, pues se corría el riesgo de que estos se volvieran luego un problema para su hegemonía, ya que, al verse fuertes, podrían llevarlos a tratar de modificar el estatus quo. Recomienda a los líderes de EE. UU. "influir en los líderes nacionales" a través de un mayor énfasis en los medios de comunicación masiva y otros programas de educación orientados a concienciar sobre la necesidad de limitar el número de hijos por familia, al mínimo. Entre las estrategias sugeridas, se recomiendan:

- Priorizar la asistencia económica en materia poblacional de la Agencia Internacional para el Desarrollo (AID) en los países más grandes y de desarrollo más rápido, condicionando la ayuda económica a la asunción de los planes de control de la natalidad, evitando la incómoda sospecha de que la planificación familiar se descubra como una forma de imperialismo económico o racial.

- Garantizar el acceso del 85% de la población a los servicios de anticoncepción y planificación familiar.

El Informe propone que se estudien y mejoren todos los medios para evitar o dificultar que se engendren nuevas vidas (anticonceptivos, esterilización, imposición cultural de un modelo de familia con dos hijos, adoctrinamiento desde los primeros años de escuela, creación de las condiciones que empujen a la mujer al mundo laboral y a contraer matrimonio más tarde...), y también que se acepte la "solución" de eliminar una vida ya engendrada: el aborto. De hecho, el tema del aborto se volvió cada vez más recurrente en las agendas de los gobiernos y en los movimientos feministas y proaborto. Igual cosa se observó en cuanto al tema homosexual, que se lo camufló bajo el concepto de género (ideología de género), que hoy está posicionado como tema de estudio en las escuelas, junto con la llamada y altamente promovida "educación sexual", disfrazada ahora bajo el eufemismo: "salud sexual y reproductiva".

El matrimonio homosexual se lo está convirtiendo en un derecho y se está promoviendo y presionando su aprobación, igual que el aborto, en los Congresos de cada país. Todo ello forma parte de una estrategia global de quienes están al frente de las grandes corporaciones y grupos de poder, interesados en el objetivo de reducir el crecimiento poblacional, utilizando para ello a las Organizaciones supranacionales creadas por la ONU y financiadas por ellos, para darles poder mandatorio. Todos los foros, las conferencias, y eventos mundiales organizados por los Organismos supranacionales que han tratado la temática poblacional, educacional y de desarrollo, en los últimos años, desde 1975, hasta la actualidad, han tenido y tienen como referente el Informe Kissinger.

¿Y en qué se fundamenta esta teoría del exceso de población? Veamos algunos de los argumentos.

LA TEORÍA DEL SEÑOR GATES

Según el señor Bill Gates, la única solución que hay para reducir el CO2 a cero y solucionar el problema del cambio climático, es una reducción drástica de la población mundial.

Esto lo explicó, en una conferencia TED el 10 de febrero de 2010, con esta ecuación: CO2 = PxSxExC, de donde P es la población mundial; S, los servicios que demanda esa población; E, la energía que requiere proveer esos servicios; y, C, la cantidad de CO2 que se genera.

Según esa fórmula, como el número de habitantes que tiene el planeta y lo que se prevé que tendría hasta 2030, hará que se demande una mayor cantidad de servicios y que, por tanto, la generación de CO2 aumente exponencialmente y afecte al cambio climático, la única solución es reducir la población mundial.

Y lo dice frontal y textualmente, que lo aspira lograr con las nuevas vacunas, las políticas de "salud reproductiva", que incluyen esterilización, educación sexual y aborto, que ahora se lo disfraza de interrupción voluntaria del embarazo, y a la educación sexual, como salud reproductiva. Esto es lo que dice textualmente en su aludida conferencia:

"Si hacemos un buen trabajo con las nuevas vacunas, cuidados de salud y salud reproductiva, podríamos reducir esas cifras..."

Esta teoría es abiertamente deleznable, porque toma el número de población como el factor determinante, sin considerar que la mayor parte de esa población no tiene la capacidad de consumo de bienes y servicios que sí tiene la minoría, que es, a fin de cuentas, la que consume más del 75% de esos bienes y servicios y, por tanto, la demanda de energía, vía el desperdicio, el híper consumo suntuario y el usar y botar, usar y botar sin control y de manera desquiciada. Además, porque parte de un criterio altamente discutible de que el planeta está súper poblado. Al respecto de esto último, transcribo un fragmento de lo que el presidente de Rusia, Vladimir Putin, expresó en una reunión con periodistas:

Periodista: "Señor, ¿personalmente no cree usted que el planeta está superpoblado?"

V. Putin: "Primero que nada, el mundo no está sobrepoblado, lo que está sobrepoblado son las ciudades. Lo que habría que hacer es promover la vida y el trabajo en el campo y zonas rurales. La razón por la que quieren disminuir la población mundial es para tener bien controlado el producto interno bruto de cada región. Porque estamos hablando de contar dinero. Además, porque siendo más reducida, sería más fácil de controlar. Y algo más que debo añadir, es que a estos sujetos lo único que les interesa es acumular poder y dinero. Y con una generación idiotizada y una población reducida, les será muy fácil. El planeta tiene lugar para albergarnos a todos. Y, de hecho, tiene recursos para alimentarnos siete veces a cada uno de nosotros".

UNA IDEA QUE VIENE DE TIEMPOS

Esta idea de la sobrepoblación viene de mucho tiempo atrás. El primero en hablar de ella, fue Thomas Malthus, Economista inglés del siglo XIX, quien dijo que la población iba a crecer en forma geométrica y los alimentos en forma matemática. Lo cual resultó falso, ya que, desde su afirmación, la población creció seis veces y la producción 234 veces, comprobado hace más de una década. Sin emgargo, se lo creyeron Rockefeller, Ted Turner, dueño de CNN y el señor Gates. Este último parece habérselo tomado tan a pecho, que, en 2015, sorprendió con una conferencia en la que mostraba que las nuevas guerras ya no serían con misiles, sino con armas biológicas y mostró un virus similar al actual.

Otro ejemplo son las piedras de Georgia, que se le atribuyen al señor Turner, en las que se ha escrito que el número ideal que debe existir es 500 millones. Y lo ha declarado públicamente, de una manera peyorativa e insultante, que el resto son "comensales inútiles".

Al respecto de este tema, el Papa Juan Pablo II, expresó que el problema no es que falte comida, sino que está mal repartida.

NUEVAS REALIDADES Y NUEVOS ESCENARIOS

Como producto de este doloroso episodio, hay ahora nuevas realidades y nuevos escenarios que empiezan a perfilarse en un marco de incertidumbres, de expectativas y miedos. Son muchos los posibles escenarios que se nos pueden presentar en el futuro inmediato, que por ahora es lo que debe interesarnos, para irnos preparando y que no nos vuelvan a coger desprevenidos.

POSIBLES ESCENARIOS

De los tantos escenarios que podrían sobrevenir, dadas las circunstancias actuales, hay, desde una óptica realista, por lo menos tres posibles escenarios en el corto y el mediano plazo, que podríamos enfrentar.

1.- Un mundo como el tantas veces mostrado por las películas de ciencia ficción, dominado por la inteligencia artificial con su inmensa serie de máquinas inteligentes, robots y humanos modificados, con toda la carga de exigencias, riesgos e incertidumbres que ello supone.

2.- Un mundo altamente controlado, como el descrito en la novela 1984 de George Orwell, donde se controla hasta lo que piensa cada individuo. O el mostrado en la película Elysius, en la que la élite que gobierna se ha retirado al espacio y desde ahí controla a través de súper robots a los humanos que han quedado en la devastada Tierra, obligados a llevar una vida de esclavos.

3.- El tercero, sería ese mundo devastado por los desastres que ya se han empezado a vivir, con el calentamiento global, la híper contaminación de los mares, la tierra y la atmósfera. Sin descartar una posible devastación por una guerra nuclear global, o inclusive, una degeneración de la sociedad por perversión, como lo señala Edgar Morín en su libro Humanidad de la humanidad.

En cada uno de estos posibles escenarios, los seres humanos nos veremos avocados a lidiar con eventos nada gratos.

Desde una óptica no convencional, basada en especulaciones de tipo religioso, espiritualista, alienígena y de una serie de teorías del mundo de lo oculto, también se han anunciado unos escenarios nada gratos.

Quienes se remiten a los textos bíblicos y a las profecías, avizoran un mundo apocalíptico como el descrito en muchos pasajes de la Biblia y, concretamente, el libro de Daniel y del Apocalipsis. Se habla de los momentos de desolación y tribulación, y luego del imperio de la Bestia, todo como cumplimiento de los tiempos.

Los que se mueven en el campo de las teorías extraterrestres o alienígenas, hablan de criaturas de otras galaxias, mundos paralelos, y de que todo está dirigido desde afuera por seres de inteligencia superior, que nos vigilan desde espacios remotos. Según ellos somos un proyecto galáctico, y que ha llegado el momento de intervenir, supuestamente para salvarnos.

Otras corrientes entre lo esotérico, lo espiritual y mítico, hablan de un cambio de era, de un salto cuántico, del paso de la tercera dimensión a la quinta, basado en un despertar de consciencia, con la intercesión de maestros y fuerzas espirituales de otras dimensiones.

De entre todos esos escenarios, como humanista, convencido de la capacidad del ser humano para reflexionar y aprender de las lecciones que le pone la vida, tengo la fe en que, llegados a este momento crucial de vida o muerte, de colapso inminente, los seres humanos logremos hacernos conscientes y alcancemos a rectificar a tiempo lo que hemos venido haciendo, y empecemos a redirigir el rumbo de la humanidad hacia un mejor destino. Pero ello solo será posible si desde cada uno empezamos a hacer cambios significativos en esa dirección. Mi apuesta y mi propuesta es por una humanidad consciente y un mundo mejor, que es perfectamente posible. La ayuda la tenemos en los grandes maestros que hemos tenido a lo largo de la historia y que nos dejaron sus enseñanzas y nos señalaron el camino, pero que nosotros nos hemos negado hasta ahora a aceptar, llevados por unas ideas y unos caprichos fundados en el egoísmo, la soberbia y nuestra fantasía de creernos súper seres. Veamos qué cambios.

LOS CAMBIOS QUE SE REQUIEREN

Muchos son los cambios que se requerirán hacer para adaptarnos a estas nuevas realidades que han empezado a presentarse y las que progresivamente se vayan presentando.

El primero y más determinante, será el cambio de actitud. Esta tendrá que ser una actitud dinámica y flexible, ya que muchos de estos nuevos escenarios irán surgiendo desde las incertidumbres y las nuevas necesidades. De hecho, el signo que distinguirá a los nuevos tiempos será la incertidumbre. Por lo menos hasta que se logre un equilibrio básico, nos veremos obligados a ir reacomodando nuestros hábitos y estilos de vida. Mientras más complejos y duros sean esos escenarios, más atención, más cuidados nos exigirán para tratar de adaptarnos a ellos.

Otro cambio importante, será el cambio de paradigmas. Los paradigmas son ideas o teorías que solemos usar como nuestros referentes, a la hora de tomar decisiones, gestionar y dirigir nuestra vida, argumentar, justificar y defender hechos e ideas, tanto en lo personal como en lo colectivo. La mayoría de los paradigmas son limitantes, ya que no tienen en cuenta las complejidades, la diversidad y el carácter dinámico de toda realidad, de toda sociedad. Un ejemplo de ello son los modelos de desarrollo adoptados como forma de organización por los Estados, desde el esclavismo, hasta el capitalismo, socialismo, comunismo, etc., que, al aplicarse a una sociedad diversa en ideas, compleja en necesidades y expectativas, han producido, luego de algún tiempo, contradicciones que, al no resolverse, los han hecho entrar en crisis. La organización de una nueva sociedad requiere revisar profundamente los paradigmas en los que se han basado las sociedades hasta ahora.

Ideas muy arraigadas como: la necesidad de acumular riquezas, la de que siempre tiene que existir pobres, la democracia basada en partidos políticos, y todas las que han servido de modelo de administración, seguridad, producción, etc., reñidas con la equidad, el medio ambiente y la vida, son paradigmas que tenemos que empezar a cambiar.

OTROS CAMBIOS NECESARIOS

Otros cambios importantes tienen que ver con la forma de relacionarnos con todo lo que nos rodea: la naturaleza, la sociedad y las personas, ya que de ello dependerá en buena parte la armonía social y con el medio ambiente.

Con respecto a la naturaleza, necesitamos recuperar esa relación amigable que tuvimos en un tiempo con ella y que la perdimos cuando nos mudamos a vivir del campo a la ciudad. A partir de ese hecho, los humanos nos fuimos encerrando progresivamente en hábitats cada vez más artificiales, que nos fueron desconectando de nuestro medio natural. Cambiamos el aire puro por aire viciado y contaminado en el ambiente externo e interno de los hogares, por una cantidad de sustancias dañinas que se concentran en las ciudades.

Aparte, nos fuimos rodeando de infinidad de objetos artificiales y aparatos que irradian energías contaminantes. El creciente confort nos fue poco a poco reduciendo al quietismo y al sedentarismo casi total. Cambiamos hasta la luz natural, por luz artificial.

En el plano cultural, nos fuimos llenando de una cantidad enorme de productos visuales, sonoros, y de entretenimiento que terminaron por sumirnos en un mundo en extremo ficticio y alienante.

Y en lo espiritual, a medida que más nos adentrábamos en el entretenimiento, en el mundo de lo superficial y artificial, en lo puramente racional, científico y práctico, fuimos también perdiendo conexión con Dios y con todo lo que conlleva la espiritualidad.

El alejamiento de Dios como causal gravitante

Al igual que el alejamiento de la naturaleza, el alejamiento de Dios tiene también un peso gravitante. Como todos sabemos, (y es algo innegable), el ser humano es un ente integrado por tres elementos constitutivos: cuerpo, mente y espíritu. Cada uno de estos elementos le aporta cosas valiosas a su vida. El cuerpo, a través de sus sentidos, le aporta sensaciones y emociones. La mente, la capacidad de analizar, razonar y elaborar conclusiones. Y el espíritu, su conexión con la fuente, donde radica la esencia divina y los valores fundamentales de la vida: el amor, la bondad, la compasión, la ternura y tantos otros sentimientos buenos.

Cuando el ser humano se desconecta de esa fuente y de esa esencia, porque cree que no la necesita o le estorba, se queda solo con la mente para gobernar al cuerpo. Entonces es cuando pierde su equilibrio y empieza a hacer cosas al solo gusto y capricho de su mente y lo que el cuerpo le pida. Y como la mente es tan poderosa y dada a los desvaríos, fantasías y delirios, fácilmente lo puede extraviar y llevar donde ella quiera.

De manera que todo lo que está pasando hoy en el mundo, no es más que la consecuencia de esa progresiva y profunda desconexión.

Esa desconexión es la que también nos ha llevado a una significativa pérdida de los valores esenciales. Y esto, a su vez, nos ha dejado a la deriva, vacíos, sin norte, y expuestos a toda suerte de desvaríos y a lo que mentes que se han extraviado nos induzcan o conduzcan.

El alejamiento de Dios deja al ser humano con solo las dos dimensiones básicas: la física y la mental, lo cual es insuficiente para gobernar nuestra vida. Esto ha llevado a un predominio de la mente como la principal rectora de las decisiones de las personas. Racionalismo puro, practicidad y valoración de todo, en función de la utilidad, la ventaja, la ganancia, la rentabilidad, el dinero y los medios de obtenerlo, sin mediación de la consciencia y de los valores esenciales.

Ese alejamiento de Dios y de los valores esenciales, en virtud del predominio de la pura razón, de lo científico, del humanismo pragmático y todos los conceptos que han configurado el pensamiento moderno centrado en el tener y no en el ser; en la competición y no en la colaboración; en lo egoico y no en lo empático; en lo mío compulsivo y en el entretenimiento vano, ha terminado llevando a los seres humanos a este estado lamentable de vacío existencial.

De ahí todo ese afán de encontrar justificación a todo, de usar el relativismo y llevarlo a extremos de interpretaciones y falacias, con fundamentos cada vez más volátiles, casi etéreos, tanto, que han tenido necesidad de recurrir a una alteración del lenguaje para poder expresar esos nuevos conceptos y teorías. El resultado es una mayor confusión y un mayor aumento de la inconsciencia.

Entonces, una tarea inmediata es tratar de reencontrarnos con esa esencia, despertar esas capacidades internas que han estado dormidas, para terminar de despertar y empezar a construir esa nueva humanidad consciente.

UNA ENERGÍA VITAL NECESARIA: LA ENERGÍA FEMENINA

Un capítulo aparte del paquete de cambios que se requerirán para hacer posible la construcción de una nueva sociedad es la recuperación de la energía femenina que, en la mujer, se ha ido perdiendo por diferentes causas. La principal de ellas, la lucha por un igualitarismo extremo en todos los ámbitos posibles, al punto de llegar a considerar que no se necesita del hombre, pues todo lo que él hace lo puede hacer la mujer.

Esto, es cierto en cuanto a capacidades físicas e intelectuales, pero no en el resto de las capacidades y cualidades. Sus energías son diferentes, y sus formas de utilizarlas también. Son, por tanto, complementarias.

La energía femenina es la cualidad más elevada que a la mujer le fue dada por el Creador (naturaleza o como se lo quiera llamar) para proteger la vida y generar armonía. Sus rasgos más destacados son: la delicadeza, la sensibilidad, la ternura, la intuición, la capacidad de sentir y presentir con mayor agudeza determinados fenómenos.

Más allá de la sensualidad y de los atributos físicos que hacen a la mujer atractiva a los ojos del hombre, está esa gracia especial que se refleja en sus movimientos, su mirada, su sonrisa, sus gestos y ese toque de encanto que aflora en cada detalle, que despiertan elevadas emociones.

La energía masculina, en cambio, es más prosaica, más alejada de la sensualidad, de lo delicado, lo tierno, porque fue diseñada para lo práctico, para la defensa y el ataque, en los que se requiere el uso de la fuerza. Por eso sus actos son, en cierta medida, toscos, con niveles de respuesta más rápidos y enérgicos, propios del macho dominante que vemos en toda la naturaleza. Por algo las guerras, el trabajo duro (y sucio), los negocios, la política y una cantidad de actividades, tuvieron como protagonistas, por milenios, al hombre.

Al reducirse la energía femenina por una voluntad manifiesta de querer igualarse cada vez más al hombre, competir con él en todo, demostrar que puede hacer lo mismo que él, inclusive hasta en los vicios, ha producido un desequilibrio que tiene un gran impacto en la humanidad.

Energía masculina y energía femenina son necesarias para una vida rica en armonía. Ambas se complementan, generan equilibrio, producen sinergia y enriquecen la relación hombre-mujer-familia-sociedad. Hoy predomina la energía masculina y esto desequilibra todo, desde la relación de pareja y la vida familiar, hasta las interrelaciones sociales.

Debido a esta lucha, hoy, las diferencias entre hombres y mujeres, casi se han borrado. Solo quedan unos pocos rasgos visibles, como el sexo y alguna que otra cualidad. Y mucho más, cuando han surgido teorías relativistas que desligan lo femenino y lo masculino del sexo, reduciendo todo a una construcción social que puede modificarse a gusto y criterio del individuo, que es el que termina definiéndose como piensa, "siente" y quiere ser considerado.

El daño que se ha ocasionado a la humanidad con la disminución de la energía femenina y la predominancia de la energía masculina se lo ve claramente en una creciente y manifiesta ausencia de amor, de ternura y de sensibilidad. En su lugar, hay cada vez más frialdad, más brusquedad, más indelicadeza, todo lo cual se refleja en una baja calidad de las relaciones a todo nivel. Esto ha derivado en un creciente aumento de la sensación de vacío, de angustia, de soledad, de insatisfacción, que se intenta tapar con parches, como ansiolíticos, tranquilizantes, búsqueda incesante de entretenimientos cada vez más extremos, drogas, sexo, comida, lujos.

Pero nada de todo eso parece resultar suficiente. No estamos contentos con nada, ni siquiera con nuestro cuerpo, por eso tratamos de cambiarlo de mil maneras. Estamos desequilibrados, estresados, sin paz, sin energía vital. Gran parte de esto se lo debemos a ese desequilibrio de energías.

¿CÓMO RECUPERAR LA ENERGÍA FEMENINA?

Esto va a depender mucho de cómo empecemos a gestionar nuestras emociones y hacernos más conscientes de nuestros pensamientos y nuestros actos. Un primer paso, será esforzarnos por entender las leyes de la naturaleza y aceptar que todo está interrelacionado, que somos uno y todo a la vez y que somos parte de una obra perfecta. Nuestro diseño es perfecto. Lo que se nos dio por naturaleza, era lo que nos correspondía, igual que a los demás seres, cada uno con atributos y singularidades.

Aceptarnos y aceptar la vida como nos fue dada, con sus cualidades, virtudes y defectos es la clave. Finalmente, entender que toda alteración que, por comodidad, gusto, capricho, soberbia, etc., nos hagamos a nosotros y a la naturaleza, nos llevará siempre a desequilibrios, aunque al principio no lo notemos o no lo creamos.

Así pues, un primer paso, será tratar de entender cómo funciona la vida, el por qué tenemos este diseño y por qué y para qué nos fueron dadas determinadas características, determinadas cualidades. Todo tiene una explicación lógica, tiene una razón. Las diferencias entre el macho y la hembra en toda la naturaleza son similares, muy particularmente en los mamíferos. Y estas diferencias no son solo en lo externo, sino también en lo interno. Los comportamientos, las acciones que llevan a cabo unos y otros, son, por naturaleza, distintos. A uno le corresponde un determinado tipo de acción, y eso le demanda unas cualidades específicas, y a la otra parte, igualmente. Todo está diseñado de una manera que no nos es dado alterar, so pena de causar desequilibrios que luego se tienen que lamentar.

El ser, entidad, cosa, o como se le quiera denominar, que nos creó, lo hizo con una inteligencia superior y una sabiduría única. Somos un diseño perfecto. Desconocer eso, es, no solo un acto de soberbia, sino de estupidez basada en extravíos y perversión de la mente. Hombre y mujer son complementarios, tienen misiones diferentes, tienen también maneras diferentes de sentir, de reaccionar y de ver la vida.

Todo lo que nos corresponde hacer, es combinar, equilibrar, armonizar esas diferencias, hacerlas que funcionen armónicamente. En realidad, la mujer no necesita competir con el hombre para hacerse valer. Ella vale por sí misma, por sus cualidades especiales, maravillosas que posee. La mujer tiene poderes especiales que simplemente no los ha sabido usar, porque no los ha descubierto. Y son poderes cualitativamente superiores a los del hombre. Lo más sabio habría sido combinarlos.

Pero ese desconocimiento llevó a la mujer a elegir la lucha por la igualdad y la competición con el hombre, en todos los campos. Y en ello terminó gastando y echando a perder lo mejor de su energía. Esa pérdida hace hoy mucha falta. Y en esa pérdida ha tenido también mucho que ver el hombre, que históricamente abusó, por su tosquedad y fuerza bruta, de la aparente fragilidad de la mujer. No la supo valorar en su real dimensión y la vio solo como fuente de placer por su sensualidad y belleza.

Hoy es el momento de reflexionar seriamente sobre eso y empezar una nueva forma de relacionarnos, valorándonos mutuamente, reconociendo las cualidades que nos fueron dadas, que son buenas si las sabemos combinar. Tenemos, pues, que cambiar actitudes y paradigmas erróneos. Solo entonces aprenderemos a aceptarnos y a convivir en armonía con nosotros mismos y con los demás. El resto se irá dando de manera natural, hasta que todo vuelva a equilibrarse.

EL MUNDO QUE HABÍAMOS CONSTRUIDO

Para tener una visión más clara de cómo hemos llegado, como humanidad, a este estado de colapso, se hace necesario echar una mirada retrospectiva a todo lo que individual y colectivamente hemos hecho hasta ahora, en nuestro afán de construirnos un mundo a nuestro gusto.

Una primera cosa que hemos hecho es un daño profundo a la naturaleza y a nosotros mismos. Las razones son múltiples, desde nuestra primitiva ignorancia hasta la más abierta arrogancia. La ignorancia nos hizo actuar durante mucho tiempo de manera inconsciente. Luego, la arrogancia nos llevó a obrar de manera audaz, caprichosa, movidos preferentemente por intereses económicos. El principal de todos, el de acumulación de riquezas y poder.

Consiguientemente, la segunda cosa que hemos hecho es crear un tipo de sociedad egoísta y materialista, con un estilo de vida depredador y propenso a la violencia. De ahí los conflictos y las guerras interminables.

UN MUNDO ALEJADO DEL BIEN Y LA JUSTICIA

El mundo que hemos creado es, por tanto, un mundo egoico y materialista, además de violento e injusto, donde el bien, la justicia y los ideales buenos que hay en el corazón humano, no han tenido cabida, y se han visto postergados. El sueño de un mundo mejor que siempre han anhelado millones de personas a lo largo de los siglos sigue esperando. Ojalá, algún día se pueda hacerlo realidad.

DAÑO A LA NATURALEZA Y A NOSOTROS MISMOS

La Tierra, al igual que nosotros, es un ser vivo, y como todo ser vivo, tiene unos márgenes de sustentabilidad o tolerancia, que cuando se rebasan, producen desequilibrios y daños que, al no prestárseles atención, derivan en enfermedad. A consecuencia de todos los desequilibrios que hemos ocasionado al medio ambiente global, la Tierra es hoy un planeta enfermo. Entre todos la hemos ido llenando de sustancias contaminantes, cada vez con más velocidad y con más inconsciencia. Al principio, al ser humano le parecía que nada podría afectarla y, de hecho, así era, porque las cosas que hacía eran tan pequeñas que podía absorberlas sin ningún problema. Sus prácticas eran tan naturales como las que hacían los demás seres que la habitan. El problema surgió a partir del momento en que al hombre se le ocurrió aplicar técnicas agresivas de explotación de sus recursos con fines puramente económicos, desde las prácticas de cultivo, hasta la producción de objetos para el confort, el lujo innecesario y excesivo, y la satisfacción de necesidades puramente artificiales. El afán de enriquecimiento, tanto individual como de empresas, países, etc., hizo que se llegara hasta el grado de invadir continentes enteros para extraer sus riquezas, desde el oro y todos sus metales preciosos, hasta los de tipo animal y vegetal.

Y no contentos con ello, se llegó al extremo de tomar a sus habitantes, para comerciarlos como esclavos.

A medida que aumentaba la voracidad por acumular y concentrar riqueza, se fueron incorporando nuevas formas de explotación, hasta llegar a los niveles extremos en que nos encontramos.

En su afán de obtener cada vez más ganancia en forma rápida y con el menor costo, se alteraron procesos, se manipuló las semillas, y se llenó la Tierra, los mares, los ríos y el aire, de químicos, de plásticos y todo tipo de desechos industriales.

Aparte, se talaron de manera indiscriminada bosques enteros, se destruyeron manglares y se causó daño irreparable a casi todos los ecosistemas marinos y terrestres. El resultado final fue que se sobrepasaron con largueza los márgenes de sustentabilidad, de tolerancia, y la capacidad de regeneración, y por eso nos encontramos con un planeta enfermo, a punto de colapsar.

Cosa igual se ha hecho con el cuerpo humano. La inconsciencia nos había hecho creer que podíamos abusar de él, llenándolo de cualquier cosa que se nos presentara como alimento, como cosmético y hasta como ingredientes para la diversión (drogas, licores y más sustancias estimulantes).

El hecho de que tanto la naturaleza como el cuerpo humano tengan un margen de tolerancia, y capacidad de regeneración, no significa que éstos sean ilimitados. Tienen un límite, el estrictamente necesario para que la vida se mantenga en situaciones adversas, temporalmente, hasta que pueda reequilibrarse.

Cuando ese margen se rebasa, se producen los desequilibrios, que no solo enferman a cualquier organismo vivo, sino que lo pueden aniquilar.

La tierra, a pesar de todo su inmenso poder, su altísima capacidad regenerativa y esa aparente indestructibilidad, es un ser tan frágil como nosotros, como las plantas y como cualquier animal grande o pequeño.

Cualquier acción que desde la inconsciencia se haga a cualquier forma de vida, por muy pequeña que nos parezca, tiene consecuencias que, con el paso del tiempo, se hacen visibles. Esto es así, porque todo en el universo está interrelacionado.

La alteración de la cadena trófica, por ejemplo, llevó a la necesidad de usar pesticidas, plaguicidas y toda una larga lista de productos químicos para tratar de controlar las plagas que por ese efecto se producían, conllevando con ello y con otras prácticas agrícolas, a una pérdida creciente de biodiversidad. Todos los desequilibrios en la naturaleza y en el cuerpo humano, son el resultado de prácticas reñidas con el orden, ritmo, procesos y leyes que rigen la vida.

Esa es la gran realidad que no hemos logrado ni querido entender e incorporar a nuestra consciencia, y por eso hemos actuado en la forma que hasta ahora lo hemos hecho. Hemos actuado de manera inconsciente, irresponsable y arrogante.

EL TENER Y EL PODER COMO MOTIVACIÓN

Aparte de todo lo mencionado, hay que resaltar como el leit motiv principal del actuar humano, a la búsqueda compulsiva del tener y del poder. Para esto se ha valido de modelos de desarrollo que le han ido permitiendo asegurar y acrecentar ese deseo.

MODELOS DE DESARROLLO UTILIZADOS

Uno de los primeros modelos de desarrollo surgió casi de manera natural, determinado por las condiciones que imperaban en los inicios. Este comenzó con la apropiación de los excedentes de producción por parte de los que lideraban los primeros grupos humanos. Poco a poco esto llevó a que los mejor posicionados empezaran a apropiarse de las mejores tierras y del trabajo humano.

Ello dio origen a lo que se conoce como esclavismo. Todos los modelos posteriores, hasta llegar al capitalismo, tienen en común, que partieron de la validación de la propiedad y la explotación privada de la tierra y sus recursos, así como de la mano de obra o fuerza laboral.

Esto se lo puede ver muy claramente, desde la Biblia, con la Ley de Moisés. Igual en Asiria, en Babilonia, en Egipto, Persia, o en la Grecia antigua, antes y después del establecimiento de la democracia. Después seguiría Roma con su vasto imperio, hasta llegar al feudalismo con sus Reyes y Cortes. Luego la Revolución Francesa, con el ascenso de la Burguesía, hasta los Imperios modernos.

Cada uno, a su tiempo, parecía el modelo ideal, porque procuraba niveles aceptables de bienestar a las clases que los dirigían y las inmediatamente relacionadas. Pero, a medida que cambiaban las condiciones que lo sustentaban, no tardaban en surgir las contradicciones, que, al no resolverse a tiempo, entraban en crisis. Y siempre ocurría que las clases dominantes se negaban a aceptar cambios y hacían todo lo posible por conservar el estatus. Ello hacía necesario que cada vez las masas, de una manera violenta, exigieran esos cambios, mediante protestas y revoluciones que han costado miles y hasta millones de vidas, y mucho sufrimiento.

Desde el esclavismo hasta llegar al capitalismo y el socialismo, ha habido una larga lista de episodios violentos de reivindicación, en forma de alzamientos y revoluciones. Y cada vez los cambios y mejoras que se lograban, han resultado insuficientes y, a la larga, han terminado en insatisfacción, decepción y vuelta a la lucha. Así ocurrió con todos los modelos adoptados desde la antigüedad.

Esa fue la razón por la que Carlos Marx, concluyó que la lucha de clases era el motor de la historia, y a partir de esa premisa, diseñó toda una teoría que se convirtió por mucho tiempo en el fundamento ideológico del socialismo y el comunismo. Y parecía tener toda la razón, pues en gran parte era cierto.

El modelo que la humanidad había seguido, en cada una de sus fases, había derivado en ese tipo de contradicciones y llevado a pensar de esa manera.

No ha sido sino hasta ahora, luego de ver los resultados de la aplicación de esa teoría en las diferentes variantes, que se ha llegado a entender el error.

En el caso del modelo capitalista, a pesar de todas las reformas y retoques que se le han hecho, ha demostrado una vez más, que era un modelo equivocado, aunque, en la forma, parecía y, para algunos todavía les siga pareciendo un modelo perfecto, por tener el componente siempre atractivo de la libertad. Su gran falla, radica en su base de la que surge y lo sustenta: la propiedad privada sobre la tierra y la explotación egoísta e irracional de sus recursos y de las fuerzas productivas.

Esto se evidenció con más fuerza, y se agravó, porque en su nueva fase, el capitalismo, por su propia dinámica, había llevado a una extrema concentración de la riqueza y del poder en menos manos. Además, se había creado una amplia gama de recursos legales, financieros, estatales, y mecanismos de presión, así como la manipulación de los medios de comunicación y de promoción, que terminaron convirtiéndolo en un sistema abarcante y totalizador.

DE EQUIVOCADO A INSOSTENIBLE

La razón principal que lo vuelve equivocado, y, a la larga, insostenible en el tiempo, es su carácter concentrador de la riqueza. El capitalismo tiene una dinámica de desarrollo que va de menos a más, y a medida que avanza, va formando una pirámide social, política y económica perfectamente visible.

Al comienzo, todo parece perfecto, genera halagüeñas expectativas, todos parecen contentos y lo ven como ideal. Pero a medida que avanza en el tiempo, va pasando a fases más densas, que empiezan a generar contradicciones y conflictos de intereses. El capital se va acumulando y concentrando cada vez en menos manos, y es cuando los conflictos de intereses se agudizan.

La necesidad de poder y de control aumenta, y se recurre a todo tipo de recursos, lícitos y no lícitos, para sostener esos intereses. La política, los medios de comunicación y las diversas instancias de poder se las infiltra, se las corrompe, y se las termina poniendo al servicio de los más poderosos. Esto que sucede, primero, a nivel interno en un país, luego hay necesidad de expandirlo fuera de las fronteras.

La guerra entre pueblos y naciones siempre tuvo como motivo desencadenante la necesidad de expansión y de control. Siempre que hubiera espacio para expandirse, la guerra se constituía en la opción privilegiada, ya sea para invadir o ya para defenderse o prevenir. Pero llega el momento, en que la expansión es tanta, y la concentración de riqueza y de poder es tan densa, se copan todos los espacios posibles y se llega a un punto muerto, donde las opciones se reducen y solo quedan dos caminos: o explosionar o implosionar. Explosionar, en un estado en que las naciones más poderosas de la tierra habían acumulado un arsenal inmenso de armas nucleares, se convirtió en una opción suicida, pues no habría ganadores. Y en el caso de que los hubiera, no les serviría de nada.

EL DINERO COMO ELEMENTO DE DISTORSIÓN Y PERVERSIÓN

La aparición del dinero como medio de valoración de todo lo que el humano se le antojara poseer, lo convirtió de a poco, en el bien más deseado por todos, y a las personas en acumuladores compulsivos. Se desató en el mundo una búsqueda frenética, casi obsesiva de obtenerlo y acumularlo por montones, a cualquier costo y por cualquier medio, lícito e ilícito y hasta vergonzante. Robar, matar, prostituirse, y un sinnúmero de actividades alejadas de toda ética, se llevaron y se llevan a cabo en el mundo, por obtenerlo.

CONSECUENCIAS DEL TENER Y EL PODER

Entre las principales consecuencias que ha tenido este modelo de desarrollo, basado en la acumulación del tener y del poder, podemos citar las siguientes:

1.- Concentración de la riqueza y del poder en pocas manos. En todas las etapas por las que ha pasado este modelo de acumulación, desde el esclavismo hasta el capitalismo, siempre ha existido una minoría que ha concentrado riqueza y poder. Pero esta concentración ha ido cambiando de formas. Al principio, riqueza personal o de familias; luego, empresas y, actualmente, grandes corporaciones transnacionales. Los Estados, por su parte, también acumulaban riqueza, con los tributos y con la explotación de los recursos naturales propios y de los pueblos que conquistaban. La Iglesia también lo hizo.

Pero, actualmente, los que tienen la riqueza y el poder real en el mundo, son las grandes corporaciones. Esto las ha convertido en los nuevos imperios, con tanto poder, que hoy imponen sus políticas a los propios Estados. Esto representa la más alta expresión de la concentración del dinero y del poder.

Ello ha dado lugar al surgimiento de una élite que gobierna al mundo tras bastidores. Todo el entramado político institucional de los países y aún de la mayor organización internacional, como es las Naciones Unidas, ha quedado bajo su poder.

Este asunto de las élites no es nuevo. En todas las etapas del desarrollo económico de esta humanidad y en todos los regímenes sociales y políticos, han existido élites que han dirigido los destinos de los pueblos. De hecho, en cada pueblo, ciudad y país, siempre las élites han estado a la cabeza de las instituciones con capacidad de decisión.

El problema con la élite actual es que su poder ahora es global. Y conociendo cómo el poder obra sobre los pueblos, los peligros para los de a pie, son mayores. Antes lo era sobre una circunscripción más reducida. Ello permitía la posibilidad de migrar a otro sitio. Hoy no se podrá, pues todo va a estar controlado.

2.- Una segunda consecuencia es la pérdida de la soberanía de los estados y las libertades que alguna vez tuvieron los medios de comunicación, las universidades y hasta las Organizaciones supranacionales. El dinero y el poder han terminado minando y contaminándolo todo, por múltiples vías, en forma de ayudas, auspicios y financiamiento directo, por medio de Fundaciones y ONGs, creadas con ese fin, por el mismo reducido número de personas, empresas y Corporaciones.

La agenda que hoy se está promoviendo a nivel global es un ejemplo palpable de esa capacidad de dominación. Quienes la impulsan desde las sombras, con todo el poder que poseen, se han arrogado el derecho a dirigir los destinos de esta humanidad. Se consideran los llamados a tomar las decisiones por el resto. Baste ver algunos ejemplos de anuncios expresados por sus voceros más visibles: "No tendrás nada, pero serás feliz"; "Nada volverá a ser como antes". Y, por si fuera poco, se nos inunda con mensajes de nuevas pandemias, de desastres, de hambrunas y un sinfín de situaciones, como para mantenernos en un miedo permanente.

Tan solo resta agregar que lo que tenemos hoy no es más que el resultado de lo que hemos construido con el tener y el poder surgido de los modelos de acumulación mencionados, muy particularmente con el capitalista.

UN MODELO QUE PARECÍA MEJOR

Un modelo que por mucho tiempo se consideró la alternativa al capitalismo, por su oferta de bienestar, fue el comunismo, que se implantó en Rusia y se expandió luego a muchos países. Tampoco resultó ser la solución. Su falla estaba en que pretendía una igualdad a costa del sacrificio de la libertad. Tuvo algunos éxitos económicos, científico-tecnológicos, militares, deportivos y en salud, pero, a la larga, terminó implosionando.

El hecho mismo de que se valiera de la lucha armada y la posterior dictadura del proletariado, lo convertía, de entrada, en un modelo rígido de sociedad, que requería de un control férreo centralizado. Esto, más el desgaste que supuso tratar de mantenerse a la par con EE. UU. en la carrera armamentista, terminó agotándolo.

Este modelo trajo también mucha distopía a esta humanidad. Y muchas de sus secuelas aún se sienten.

El caso actual de China, que hizo una combinación casi perfecta de comunismo y capitalismo, que le ha permitido desarrollarse a niveles tan altos que ha casi rebasado a EE. UU. y Europa juntos, también es, igualmente un modelo distópico, basado en una dictadura férrea, con un control totalizador de sus ciudadanos y sus libertades, por medio de la tecnología digital.

Por todo ello, en los momentos actuales ninguno de los modelos probados, tanto de derechas como de izquierdas siven para salir del problema en que estamos. La humanidad requiere, hoy por hoy, un modelo de organización acorde a su nueva realidad consciencial.

¿QUÉ MODELO DE SOCIEDAD ELEGIR DESDE LA CONSCIENCIA?

Como hemos visto, ninguno de los modelos de sociedad que rigen en el mundo, tanto occidental como oriental, son viables. La mayoría son distópicos, por la forma y por el fondo. En todos hay inequidad, irrespeto a los Derechos humanos y a la naturaleza, corrupción, manipulación, altos gastos en defensa y producción de armas, pobreza, desatención, explotación, y toda forma de violencia y abusos. Los que se consideran democráticos, lo son solo en apariencia, en lo formal. Son quizás los más distópicos, porque es donde más se aplican las prácticas manipuladoras, y donde la inconsciencia se manifiesta con mayor evidencia, aunque sus defensores traten de disfrazarlo y mostrarlo como el mejor o el menos malo, y de justificar sus enormes fallas, como un mal necesario. Y es que de tanto ver por todos lados, a lo largo del tiempo, prácticas cada vez más descabelladas de hacer dinero, se ha terminado por considerarlas como normales.

Argumentando el derecho a la libertad, cada individuo se cree con derecho a emprender en cualquier actividad, sin reparar en absoluto en el daño a la salud de las personas y al medio ambiente, llegándose hasta los más aberrantes extremos de emprender en perversos negocios, como el tráfico de personas para múltiples fines, entre los que están desde la prostitución común y la infantil, hasta la de extracción y tráfico de órganos.

Con ese mismo argumento de la libertad, se promueve desde las más altas esferas, el negocio de fabricación, venta y tráfico de armas de todo tipo y se tolera el de la prostitución y tráfico de animales y el uso de sustancias dañinas en la industria alimentaria. En este modelo, todo está permitido, y lo que no lo está, se lo permite por medio de mil y un formas de complicidad, la corrupción y el uso de estructuras secretas (mafias y una variedad de asociaciones delictivas).

Por su propia dinámica, este es un modelo, no solo equivocado, sino alienante, pues lleva, sin que se lo note al principio, a las personas, a la sociedad y al mundo, a grandes y graves distorsiones y perversiones.

Un modelo nuevo debe basarse en nuevos paradigmas, en los que primen la equidad, la solidaridad, el respeto irrestricto a los derechos de todos y no al de uno en particular o de grupos privilegiados. Esos nuevos paradigmas vendrán de la mano del nuevo nivel de consciencia que se está formando, y otra buena parte, habrá que buscarlos en las utopías que se han pensado desde algunos siglos por pensadores visionarios, así como en las enseñanzas de los grandes maestros espirituales que hemos tenido desde la antigüedad hasta nuestros tiempos, pues en ellos hay una gran riqueza de ideas que pueden servir de núcleo y de inspiración para estructurar un modelo viable de sociedad. Por su parte, las élites están promoviendo su propio modelo. Veámoslo.

¿UN NUEVO ORDEN MUNDIAL?

Un Nuevo Orden Mundial es un tema del que se viene hablando desde hace mucho tiempo, pero siempre se lo ha negado a nivel oficial y se lo suele calificar como un tema "conspiranoico". La primera vez que se lo había mencionado fue en el documento de los Catorce Puntos del presidente Woodrow Wilson, después de la Primera Guerra Mundial, por el que se hacía un llamado para la creación de la Liga de Naciones, antecesora de las Naciones Unidas.

La frase volvió a ser usada, con cierta reserva, al final de la Segunda Guerra Mundial, cuando se describían los planes para la creación de las Naciones Unidas y los Acuerdos de Bretton Woods. Y ya de manera más amplia y reciente, con el final de la Guerra Fría. Los presidentes Mijaíl Gorbachov y George H. W. Bush usaron el término para tratar de definir la naturaleza de la postguerra y el espíritu de cooperación que se buscaba materializar entre las grandes potencias. Hasta que de pronto, se lo empezó a escuchar ya de labios de personalidades mundiales. Entre uno de los que pidió ya abiertamente su creación, estuvo Bill Gates, en 2015.

Según él, las Naciones Unidas, hasta la fecha, "no había logrado cumplir los objetivos para los que había sido creada." Luego seguirían una veintena de presidentes de Gobierno y, finalmente, hasta el máximo representante de la Iglesia Católica.

Este nuevo orden se lo crearía bajo la forma de un Estado global o también llamado Gobierno Mundial. Esto implicaría un cambio radical de todo el accionar político, económico, social, cultural y humano.

¿Y CUÁL ES EL FUNDAMENTO DE ESTA IDEA?

Esta idea surge, hasta donde se puede ver, del convencimiento, al interior de la élite mundial, de que el modelo de desarrollo había llegado a un momento de insostenibilidad, por una variable muy particular y determinante: el crecimiento poblacional.

De ahí que, desde las últimas cuatro décadas del siglo XX, el tema se volvió recurrente en las agendas políticas y económicas de los gobiernos más desarrollados y de las Naciones Unidas y sus organizaciones, previamente ya infiltradas y dominadas por ellos.

Y a medida que se avanzaba en el tiempo, con la globalización y el achicamiento de los espacios para la expansión, y la demanda de cada vez más ayuda para atender los problemas derivados del aumento de la pobreza y un sin fin de problemas relacionados, llevó a que se fuera insistiendo en este nuevo modelo.

El problema, fue que la élite mundial empezó a fragmentarse. Por un lado, los que manejan el capital financiero a través de la banca, la bolsa y sus prácticas especulativas y de usura. Y por el otro, el de la industria, el trabajo y las actividades productivas tradicionales.

Pero paralelamente, a nivel de la superestructura, el bando que se había alzado con el poder económico determinante empezó a penetrar las organizaciones y sistemas políticos, culturales, sociales, educativos, informativos y religiosos, para ganar el más amplio apoyo posible. Esto le permitió ir minando poco a poco las bases y los valores que sustentaban a esas instituciones, mediante múltiples estrategias y medios de convencimiento, presiones, financiamientos disfrazados de altruismo, por medio de Fundaciones y ONGs, así como infiltraciones, chantajes, y últimamente hasta con la industria del entretenimiento.

El trabajo no era fácil, porque se tenía que derribar toda una muralla de valores y principios milenarios, saberes y prácticas ancestrales, creencias y tradiciones profundamente arraigadas en la cultura y cosmovisión de los pueblos. Pero a fuerza de perseverar, llegaron a lograrlo. Hacia el final, se habían hecho con partidos y líderes políticos, religiosos, movimientos, y una amplia gama de estructuras sociales, que los llevó a capitalizar un apoyo y un peso enormes en casi todo el mundo.

Las últimas barreras que faltaban por derribar, como la familia, religión, principios, tradiciones, saberes ancestrales, etc., han sido asediados hasta el último, con todo tipo de presiones y argumentos. El resultado es un deterioro a todo nivel en la vida de las personas y de las instituciones, hasta llegar a un estado de hastío y de caos, que era lo que los promotores del nuevo orden necesitaban para implantarlo, casi como una necesidad.

A propósito, una de las estrategias que a manera de regla se empezó a utilizar por parte de los que mueven los hilos tras bastidores, fue la fórmula: problema – reacción – solución. Una especie de juego del pirómano y el bombero, en el que el mismo que crea el incendio, se disfraza luego de bombero para apagar el fuego. Así, prácticamente, casi todos los conflictos que se vivieron en los últimos años, desde la llamada primavera árabe, pasando por Siria, Venezuela, la crisis migratoria, hasta los últimos que se vieron en EE. UU. con la muerte de George Floyd, han tenido una mano oculta que se encarga de proveer los financiamientos. Nada ha sido espontáneo, y los que lo han sido en sus inicios, no han tardado en ser infiltrados, apoyados y utilizados luego por esas manos y esas mentes oscuras. Ese es el resultado al que se llega cuando en el seno de un sistema se deja que se desarrollen, como un tumor maligno, grupos de poder con alta capacidad de maniobra. Inclusive Rusia sufrió un intento de penetración por parte de la Open Society Fundation de George Soros, que llevó al Mandatario a expulsarla del país. Según Putin, eso explica el por qué a las naciones y gobiernos que tienen una postura contraria a los propósitos de la élite globalista que quiere imponer el NOM, se los ataca de mil formas.

Por todo lo que se ve, este modelo no es, ni de lejos, el tipo de sociedad que la humanidad ha venido deseando, por mucho que lo presenten como el ideal, y al inicio la gente lo aplauda. Hay uno mejor.

EL MODELO QUE SE ASPIRA CONSTRUIR

El modelo de sociedad, que se aspira construir desde la consciencia es muy distinto, pues se basará en normas más equitativas de convivencia, de gestión del bien común y de administración en los diferentes niveles de la vida social, política y económica.

Tendrá como norte, la equidad, el respeto integral a los Derechos humanos, la libertad, la solidaridad, la paz y la prevalencia de los valores espirituales que distinguen a la especie humana.

Para muchos esto es solo una utopía más. Pero, en verdad, no lo es. Este es un sueño que viene de siglos y milenios. Y hoy estamos en condiciones de hacerlo realidad. Solo nos falta elevar un poco más el nivel de consciencia en cada uno de nosotros, creérnoslo con fe y desearlo de corazón. Las barreras son solo mentales, sostenidas por un ego que todavía se resiste a soltar ciertas creencias, miedos y hábitos arraigados.

Pero, seguro, muy seguro, que en cuanto vayamos despertando de la inconsciencia en que hemos vivido y vayamos entendiendo de qué realmente va la vida y comprendiendo los problemas creados por tantas creencias, miedos y hábitos, esas barreras se irán desvaneciendo y dando lugar a nuevas formas de ver la vida y de relacionarnos con ella.

El resultado final será esa humanidad tantas veces soñada, como seguramente el Creador la imaginó al momento de crear esta gran maravilla que es el universo y nuestro planeta, con toda la magia que vemos en cada forma de vida.

¿Y CÓMO SERÍA ESA NUEVA SOCIEDAD?

Si bien es muy complejo diseñar a futuro un modelo de sociedad, sobre todo en estos tiempos de cambios acelerados e impredecibles, no podemos renunciar al ideal desde muchos siglos acariciado de construir un mundo con mejores condiciones de vida. Al menos sí podemos, por lo menos, trazar algunos lineamientos, a manera de un mapa de ideas, que sirvan de guía para ir desarrollando ese nuevo modelo de sociedad.

Para empezar, sería necesario establecer unos acuerdos básicos de convivencia a partir del reconocimiento de que somos seres indisolublemente ligados a la naturaleza, con una constitución física, emocional y espiritual similar, con derechos y responsabilidades comunes, independientemente de raza, color de piel, lengua y nivel de conocimientos. Esos acuerdos básicos deben incluir como un principio normativo, el respeto a la vida, la privacidad y el espacio del otro, de tal manera que nadie pueda abusar impunemente de otro ser humano. Igualmente, debe considerar el respeto a la naturaleza en todas sus formas, limitando la relación con ella a lo estrictamente necesario, siempre de la manera más amigable posible.

UN NUEVO CONTRATO SOCIAL

Será necesario establecer, entonces, un nuevo contrato social ajustado a los valores que surjan del nuevo nivel de consciencia, en el que ya no impera la acumulación, y las viejas prácticas políticas de gobernar y administrar la producción. Esto, porque lo que se va a crear es una sociedad nueva en todos los sentidos. Por ello es vital que primero se fije un marco de principios básicos que deben sustentarla, todos ellos a partir del más alto nivel de consciencia. Naturalmente, al comienzo tendrá sus fallas, porque no será fácil conciliar las opiniones, los restos de egoísmos que todavía queden, prejuicios y todo lo que hasta ahora ha caracterizado a las sociedades humanas.

Al momento, esto nos puede sonar a utopía, porque estamos acostumbrados al modelo actual. Eso solo será posible cuando el viejo orden termine de caer y los que sobrevivan a esa caída, se sientan predispuestos a organizarse.

DERECHOS Y RESPONSABILIDADES

En un nuevo modelo de sociedad, el goce de todo derecho deberá estar respaldado por el cumplimiento de responsabilidades. No deberá haber ningún derecho sin su contraparte de responsabilidad. Esta será uno de los ejes transversales básicos.

Una de las grandes debilidades que han tenido los Estados y la sociedad en general, ha sido la falta de responsabilidad de sus ciudadanos.

La responsabilidad implica que cada individuo asume de manera consciente las consecuencias de sus actos y la gestión de su vida. Como consecuencia, dejará de esperar que todo se lo dé otro como si no tuviera capacidades.

COMPROMISO, EMPATÍA Y AMOR

Junto con la responsabilidad, será necesario también, como complemento, asumir por parte de cada ciudadano, un sentido de compromiso. El sentido de responsabilidad mueve a la persona a actuar pensando en la consecuencia de sus actos, pero el compromiso lo lleva a la colaboración y a la solidaridad.

Finalmente, el sentimiento de amor hace que los seres humanos eleven la empatía, la compasión y la comprensión. Esto nos acercaría muchísimo al pedido reiterado de Jesús de Nazaret de amarnos los unos a los otros, como Él nos amó.

HUMANIDAD CONSCIENTE - UN SUEÑO DE SIGLOS

Un sueño de siglos, por no decir de milenios, ha sido el de una humanidad en la que todos podamos vivir de una manera amigable, con justicia, respetándose unos a otros. Un mundo donde prime la colaboración, el compartir y la sana convivencia, como seres dotados de inteligencia superior a la del resto de seres vivos.

La inteligencia para construir ese mundo la tenemos. Siempre la hemos tenido. Pero parece que algo nos ha impedido usar esa inteligencia. O tal vez es que no hemos querido o sabido entender o darnos cuenta de que somos seres con cualidades especiales más allá de las puramente físicas. Y nos hemos quedado con la pura idea de la sobrevivencia, lo cual nos ha llevado a priorizar casi exclusivamente la satisfacción de nuestras necesidades sin considerar las de los demás. Y así hemos construido las sociedades y los países. No hemos aprendido a convivir, y ni siquiera a vivir. Sin embargo, nos consideramos altamente evolucionados. Y la verdad es que estamos aún a medio camino de la verdadera evolución.

Lo que hemos hecho hasta ahora es evolucionar en lo cuantitativo, en los modos de hacer las cosas, en crearnos entornos de comodidad, de bienestar material. Nos falta construir entornos de convivencia sana.

¿CÓMO SERÍA ESA HUMANIDAD?

Una nueva humanidad habría que pensarla como seguramente la pensó el ser o inteligencia superior que nos creó junto con toda esta maravilla que es el universo.

Obviamente esto nos puede resultar difícil de creer, si lo miramos desde nuestra perspectiva centrada en la dualidad y los modos acostumbrados de ver, juzgar o medir las cosas. Esto solo se lo puede entender desde la óptica de una nueva consciencia.

Los niveles de consciencia con los que nos hemos acostumbrado a vivir, no nos han permitido todavía darnos cuenta de qué va realmente la vida. Nos hemos manejado con niveles de consciencia de baja bivración, propias de humanos atrapados en un nivel básico de sobrevivencia. Nuestra vida ha estado regida por lo urgente, por las necesidades primarias y por los pensamientos y emociones también primarios.

Los niveles de consciencia juegan un papel determinante, tanto en la vida individual como grupal. A cada nivel de consciencia corresponde unos modos de vida, unas costumbres, unas formas de relación, distintos. Así, por ejemplo: una persona que está en el nivel de la apatía piensa y actúa de manera muy distinta al que está en el nivel de la esperanza y del optimismo. Por tanto, no podrá enganchar con nada de los niveles superiores a su nivel. Preferirá otra música, otras diversiones, otras relaciones, etc. Y así sucede con cada nivel.

Los que están en el nivel de la ira, pensarán y actuarán como los demás que estén en ese nivel. Igual, los del miedo, los de la desesperanza o el sufrimiento.

Cada individuo vibra en una frecuencia o franja de frecuencia determinada y se identifica preferentemente con los que están vibrando en esa franja, y no querrá saber nada de los otros; no apoyará nada que esté fuera de su frecuencia. Del mismo modo, los que están en niveles arriba de los niveles negativos, se identificarán con ideas, gustos, vivencias, proyectos de niveles superiores. Alguien que tenga ideas de bien, actuará en dirección del bien y se identificará con ideas y proyectos orientados al bien. Los orientados al mal, se identificarán con proyectos del mal.

Entonces, si pensamos que la nueva humanidad parte de un nivel de consciencia por encima de los niveles negativos de la ira, la desesperanza, la apatía, el orgullo, la mezquindad, el egoísmo, el irrespeto a la vida, la preferencia por el caos, y todo lo que hoy predomina, el resultado va a ser distinto. Esos nuevos humanos verán la vida de otra manera. Para ellos será más fácil empatizar con ideas positivas, buscarán el bien común, la solidaridad. No sentirán necesidad de perjudicar a otros, robar, matar, violar, y hacer todas esas cosas terribles que hoy se hacen desde los niveles inferiores ya mencionados.

Ahí es donde radica la certeza de que sí es posible una humanidad consciente. En la actual humanidad nada de eso es posible, porque el nivel de consciencia mayoritario está anclado en lo negativo y se ha degenerado tanto, que la sola mención de un mundo mejor es una utopía de locos, irrealizable. Y es lógico que así sea. Así ha sido hasta ahora, y lo seguirá siendo hasta que termine de colapsar.

Por algo Jesús dijo que su reino no era de este mundo. Esta humanidad no estaba preparada para el imperio de la justicia, el amor, la paz, la solidaridad y el bien común. Estaba preparada solo para las cosas primarias, las relaciones de dominación, de búsqueda del bien personal, la ventaja, la ley del más fuerte, igual que en la naturaleza. Veníamos de la animalidad, la ignorancia y el imperio de los instintos. Por eso, todo lo que es compartir, dar, reconocer un salario medianamente justo, asistencia social, etc., inclusive reconocer derechos humanos básicos, ha tenido que hacérselo mediante leyes que han costado sangre y luchas de años y hasta siglos.

Esta humanidad ha actuado bajo el poder de la fuerza y no del poder que proviene de la consciencia, de los sentimientos nobles, los cuales a su vez vienen de la dimensión espiritual con la que todos venimos al mundo, pero que se ocultan porque no convienen, porque estorban a la hora de relacionarse con el prójimo, al que se lo ve como competencia que hay que neutralizar a toda costa, como enemigo real o potencial. Eso explica las guerras y todos los conflictos que vemos en la actual humanidad.

En una nueva humanidad (la consciente), no habrá necesidad de muchas leyes, porque la humanidad se regirá por principios saludables que emanan del nuevo nivel de consciencia. Si cabe una comparación, sería más o menos como Jesús de Nazareth les explicó a sus discípulos cuando les pidió ser como los pájaros que no tienen que afanarse cada día por su alimento, o como los lirios que se visten de los colores más bellos.

Y si nos fijamos con detenimiento cómo se desarrolla la vida en la naturaleza, veremos que ahí todo fluye. Los peces, las aves y todos los animales fluyen como los ríos. Todo allí se mueve, desarrolla y pervive de una manera armónica. Nosotros no hemos sabido fluir, porque hemos querido ir en el sentido contrario a la armonía, al equilibrio; hemos pensado que somos seres ajenos a la naturaleza, una especie de meros turistas en este planeta.

¿QUÉ SE CONSERVARÁ DE LA ACTUAL?

Al margen de todo lo malo que vemos que la actual humanidad ha hecho contra sí misma por las razones que se han mencionado, hay que reconocer que también ha producido una gran cantidad de cosas buenas que hay que rescatar y conservar. La lista es extensa. Entre tantas cosas buenas está, por ejemplo, todo el acervo cultural creado con las diferentes formas de arte, como: la música, la literatura, la pintura, etc., así como la filosofía, incluida la ciencia. También las tradiciones y los saberes ancestrales. Y algo sumamente valioso: los valores que nos han ayudado a construir relaciones de sana convivencia. Valores como: la solidaridad, la honestidad, la justicia, la compasión, la generosidad, el compartir, la vocación por el bien, y tantas otras manifestaciones positivas que se han practicado especialmente por la gente sencilla, son cosas que se deberían conservar en una nueva humanidad.

EL EQUILIBRIO COMO BASE

Si observamos con detenimiento la forma cómo se mueve todo en la naturaleza y el universo, veremos que hay un patrón que lo rige todo: el equilibrio. Este es la base de la armonía. Sin equilibrio, todo se descompensa y se originan procesos que terminan en destrucción y caos. La vida persiste en virtud del equilibrio. Nuestro cuerpo es la mejor prueba de ello. Todo en él funciona en base al equilibrio: la temperatura, el Ph, la presión arterial, el metabolismo, etc. La salud de cada órgano y de todo el cuerpo, dependen de que haya un perfecto equilibrio en sus funciones. Igual sucede con nuestro planeta. Funciona como nosotros. Es un ser vivo, solo que con un cuerpo más voluminoso. E igual que como nuestro cuerpo, puede ser afectado y sufrir desequilibrios. De hecho, lo ha sufrido, sobre todo en los últimos años, por la inconsciencia humana. Se lo ha depredado y contaminado a niveles cercanos a la insostenibilidad, igual ha pasado con nuestro cuerpo.

Pero el equilibrio opera no solo en lo físico, sino también, y en gran medida, en lo no físico, en la parte espiritual, en las relaciones interpersonales y de conjunto como sociedad y como especie. En ambos casos, procurar el equilibrio es determinante. Así como el cuerpo puede mantenerse en equilibrio, la sociedad también lo puede. Todo depende de aprender a gestionar el equilibrio. En el cuerpo, con alimentación equilibrada, y en la sociedad, con relaciones equilibradas. Así como en el cuerpo pueden coexistir lo que favorece la vida y lo que favorece la enfermedad y la muerte, en la sociedad pueden perfectamente coexistir las diferencias, los desentendimientos y toda la gama de posibilidades de conflictos.

Mientras estemos en esta dimensión terrena, con un cuerpo, una mente y unas emociones que nos demandan cosas, con apetitos, apegos y desapegos, atracción y repulsión, afectos y desafectos, etc., siempre habrá diferencias e imperfección. Lo perfecto pertenece a la dimensión espiritual, a lo divino, al reino del que habló Jesús y al que llamó a aspirar. Por eso dijo: "Mi reino no es de este mundo", y en otra parte: "Sed perfectos como Dios es perfecto". La perfección es el fin último al que está llamado el espíritu humano, pero eso requerirá de un proceso de depuración de miles o tal vez millones de años más, en una siguiente humanidad después de la que viene.

Digo esto, para que no caigamos en falsas expectativas acerca de un mundo perfecto en la nueva humanidad. Hablo en plan realista. En la nueva humanidad seguirá habiendo imperfecciones, diferencias en el ser, en el tener, en los dones, las habilidades, las aspiraciones. Una nueva humanidad tiene que tomar esto muy en cuenta. Afortunadamente, al conformarse a partir de un nivel de consciencia mejorado, la gestión de ese equilibrio será más fácil, las relaciones serán más positivas, los conflictos de convivencia se podrán resolver de manera más armoniosa. Todo se facilitará: la comprensión, la solidaridad, y la búsqueda del bien común.

VIDA CONSCIENTE

El distintivo de una nueva humanidad consciente será, seguramente una vida también consciente.

¿Y qué significa esto? Vivir una vida consciente supone la elección de un modo de vida en el que predomina la consciencia sobre la inconsciencia. Esto se puede lograr mediante un ejercicio de comprensión que se basa principalmente en la aceptación. Hay una ciencia denominada Aceptología, que fue diseñada y promovida por Gerardo Schmedling, un colombiano que, tras una experiencia cercana a la muerte, recibió un encargo para transmitir mensajes de seres de luz. Sus enseñanzas son, en buena parte, coincidentes con las de Jesús de Nazaret, Buda y otros maestros, así como con lo que pensadores contemporáneos como Edgar Morín, Eckhart Tolle, Wayne Dyer y otros, han expresado en libros que son reconocidos referentes de la sabiduría y la espiritualidad.

¿En qué consiste la vida consciente? Consiste en hacernos conscientes de lo que pensamos y hacemos, y responsabilizarnos de nuestros actos o decisiones y de sus consecuencias. La comprensión nos lleva a ser respetuosos con los demás, con la naturaleza y todo lo que nos rodea. Por su parte, la aceptación nos lleva a ser compasivos, solidarios y comprensivos con los errores humanos, a no juzgar y a no interferir en la vida de los demás.

Aceptar, implica entender que en la naturaleza hay un orden y unas leyes que no podemos violar sin que se produzcan consecuencias negativas. Implica aceptar que hay una realidad independiente de nuestra voluntad, y que todo en la vida, tiene una razón de ser y un para qué; que nada es casual y que todo tiene un propósito. Implica también aceptarnos a nosotros mismos como somos, con nuestros errores y virtudes, lo mismo que a los demás. Aceptar también que las cosas no suceden como y cuando nosotros queremos, sino que estas sucederán o se darán cuando corresponda (ley de correspondencia).

Forzar los acontecimientos, siempre será contraproducente. El ejemplo más contundente de esta manera forzada de actuar, lo tenemos en el actual estado de nuestro planeta. El universo tiene su propia pedagogía muy particular. Cuando se logra entender esta pedagogía, aceptar las leyes naturales y respetarlas, solo entonces estamos en capacidad de fluir con la vida y relacionarnos armoniosamente con ella y con los demás.

Finalmente, tenemos que revisar ese concepto errado que tenemos de felicidad; mirarnos hacia dentro, y descubrir esa maravilla que somos y la maravilla que nos rodea.

UN MUNDO MEJOR ES POSIBLE

Un mundo mejor es posible. No importa el tiempo, ni cuantas vicisitudes tenga la humanidad que pasar. A la larga, se hará realidad, porque el ser humano, al igual que todo el resto de la creación, fue diseñado para la vida. La perfección es su mayor atributo, y esa perfección terminará triunfando.

Emilio Carrillo, en su blog El cielo en la tierra y en su proyecto y libro Consciencia y sociedad distópica, nos habla de una NUEVA HUMANIDAD. Esta nueva humanidad estaría muy cerca de hacerse realidad. Para ello es necesario que el viejo orden que hasta el momento ha imperado, termine de caer, o como él lo dice con la metáfora de la casa en ruinas. Ya no tiene sentido seguir tratando de repararla, apuntalándola, parchándola, gastando más energía para seguir cosechando solo más de lo mismo. Estamos en el momento justo de dar el salto cuántico, que nos lleve a una nueva humanidad.

Esta nueva humanidad se construirá a partir de una nueva consciencia que está cada vez creciendo y consolidándose. Pero a esta nueva humanidad no están invitados ninguno de los actores de ese viejo orden. No están invitados, como dice Emilio Carrillo, ni el odio, ni el egoísmo, ni el egocentrismo, ninguno de los paradigmas obsoletos, nada de lo que imperaba en el viejo orden. En su lugar, están invitados el entusiasmo, la alegría, la esperanza, la compasión, el amor y la ternura.

NECESIDAD DE DESPERTAR

Para construir este mundo mejor o nueva humanidad, va a ser necesario un despertar de consciencia. Y esto lo tenemos que empezar ya, porque, así como vamos, las cosas van camino de empeorar.

Es hora de sacudirnos de esa especie de letargo, de salir de la inconsciencia en que nos hemos acostumbrado a vivir: depredando, derrochando, como si nada de lo que hacemos tuviera consecuencias. Y ojalá, este despertar fuera masivo, para que ese paso a una nueva humanidad ocurriera con la menor cantidad de sufrimiento y pérdida de vidas. Pero bien sabemos que no es fácil ni realista conseguirlo.

Estamos atrapados en una densa red de intereses contrapuestos, de afanes y prisas, de problemas que no podemos resolver. Estrés, angustia, miedos, etc., no nos dejan escapar. Además, el sistema nos abruma con sus ofertas de consumo y entretenimiento, y no nos suelta. Por su parte, las mayorías están gustosas con ello. Y no se las puede juzgar ni culpar por ello.

Si nos sinceramos, tendremos que reconocer que todos, hemos participado también gustosos en ese sueño inducido. Por eso yo considero que todos somos corresponsables de la situación actual de este mundo y de su inminente colapso.

De manera que los que a la fecha hemos logrado salir de esa red y conseguido un determinado nivel de depertar, nos corresponde hacer una labor de ayuda, desde la humildad, la comprensión y la compasión, para que ese despertar continúe creciendo.

Es un trabajo, sin duda, laborioso y que va a demandar mucha serenidad, paciencia y entrega de cada uno de nosotros. Todos estamos convocados, cada uno desde nuestras capacidades. No será tan fácil, tal y como están las cosas. Sería demasiado ilusorio creer o esperar que se pueda así no más pasar de una realidad tan distópica a una ideal, sin que medien momentos o episodios y eventos de alta complejidad y dureza. Pero vale la pena intentarlo, apostarle a la esperanza, con fe y convencimiento de que ha llegado la hora de una nueva humanidad.

¿Y CÓMO PODRÍAMOS AYUDAR?

Desde mi perspectiva, pienso que hay muchas cosas que podríamos hacer. Entre otras, algunas como estas:

1.- Empezar con nuestro ejemplo, actuando de la manera más consciente que podamos. No se puede pretender que la sociedad mejore, si nosotros, como individuos, no mejoramos. Y ese mejoramiento incluye todo lo que pensamos, decimos y hacemos.

2.- Cambiar nuestro estilo de vida, pasándolo de consumista y de derroche, a uno más sencillo, que priorice lo que en realidad tenga valor y en verdad sea necesario. Esto incluye nuestra alimentación, haciéndola que sea más saludable. Ello sería, de por sí, un gran aporte al nivel de consciencia. Y eso ya es bastante.

3.- Empezar a recuperar y poner en práctica valores importantísimos que con el paso del tiempo se fueron perdiendo por hábitos de vida cada vez más orientados a lo puramente material, lo práctico, lo banal y todo lo que nos pudiera brindar algún nivel de satisfacción. Entre los más importantes: honestidad, solidaridad, compromiso, respeto al prójimo y a la vida misma. Junto con ello, cultivar virtudes como la serenidad, la prudencia, el bien decir y el buen obrar. Igual, otras cualidades que hacen que una persona se alinee con el bien, con la justicia y con todo lo que ayude a generar una sana convivencia.

4.- (A manera de sano consejo): promover esta idea con respeto y paciencia. No es cuestión de salir a tratar de convencer a los demás, como un predicador. Nadie cambia con que solamente se le hable de las bondades de algo, en este caso de un mundo mejor. Cada persona tiene sus ideas, su visión de la vida y sus formas muy particulares de ser y actuar. El despertar requiere de un convencimiento personal que se va gestando poco a poco en respuesta a las vivencias que cada uno va experimentando en su día a día. Es un trabajo personal. Nosotros solo podemos ayudar como facilitadores, motivadores, pero siempre respetando sus convicciones, y siempre que la otra persona quiera oírnos o nos pida opinión.

MENSAJE FINAL

Agradezco inmensamente, amigo lector o lectora, que hayas llegado hasta aquí. Espero que esta lectura te haya resultado útil y motivado a buscar el camino del despertar de consciencia.

Un mundo mejor o una nueva humanidad es todavía un sueño, pero podría hacerse realidad, si el mayor número posible de humanos consigue despertar de este letargo en que nos encontramos.

Como hemos visto, no será fácil, pero tampoco se puede decir que sea imposible. Requiere tiempo, paciencia y mucho trabajo de motivación y de guía de parte de los ya despiertos. Al final, si no ocurre algún desastre aniquilador, más temprano que tarde se producirá el surgimiento de esa nueva humanidad.

El nivel de consciencia que se irá poco a poco consolidando, así lo hace prever. Y así es como este autor lo visualiza, lo alienta y lo promueve.

De mi parte, muchas gracias y el mejor de los augurios si te sumas a este sueño.

SOBRE EL AUTOR

Periodista profesional, ecuatoriano, ex docente de Colegio y Universidad. Escritor de textos de Lenguaje y, desde 2018, de libros acerca de esta humanidad.

Contactos: e-mail:cardelafragua@outlook

Amazon: https://amazon.com/author/delafragua.news

Blog: Humanidadconsciente.com:

HTTPS://HUMANIDADCONSCIENTECOM.WORDPRESS.COM/

Completa la trilogía

Encuéntralos en Bubok Publishing
https://www.bubok.es/libros/257006/La-hora-de-la-humanidad
https://www.bubok.es/libros/261837/DE-LA-OSCURIDAD-A-LA-LUZ--
UN-LLAMADO-ADESPERTAR-Y-ACTUAR

www.ingramcontent.com/pod-product-compliance
Lightning Source LLC
Chambersburg PA
CBHW071545150726

48000CB00002B/956